DIESES BUCH GEHÖRT:

<table>
<tr><td>MONAT</td><td>WOCHE</td></tr>
</table>

Tag	Emotion	Was passierte?
Montag ☆☆☆☆☆		
Dienstag ☆☆☆☆☆		
Mittwoch ☆☆☆☆☆		
Donnerstag ☆☆☆☆☆		
Freitag ☆☆☆☆☆		
Samstag ☆☆☆☆☆		
Sonntag ☆☆☆☆☆		

Dankbarkeit & Höhepunkte der Woche

Wochenübersicht

	M	D	M	D	F	S	S
fröhlich							
neutral							
traurig							

MONAT

WOCHE

Tag	Emotion	Was passierte?
Montag ☆☆☆☆☆		
Dienstag ☆☆☆☆☆		
Mittwoch ☆☆☆☆☆		
Donnerstag ☆☆☆☆☆		
Freitag ☆☆☆☆☆		
Samstag ☆☆☆☆☆		
Sonntag ☆☆☆☆☆		

Dankbarkeit & Höhepunkte der Woche

Wochenübersicht

	M	D	M	D	F	S	S
fröhlich							
neutral							
traurig							

<table>
<tr><td><h1>MONAT</h1></td><td><h1>WOCHE</h1></td></tr>
</table>

Tag	Emotion	Was passierte?
Montag ☆☆☆☆☆		
Dienstag ☆☆☆☆☆		
Mittwoch ☆☆☆☆☆		
Donnerstag ☆☆☆☆☆		
Freitag ☆☆☆☆☆		
Samstag ☆☆☆☆☆		
Sonntag ☆☆☆☆☆		

Dankbarkeit & Höhepunkte der Woche

Wochenübersicht

	M	D	M	D	F	S	S
fröhlich							
neutral							
traurig							

MONAT

WOCHE

Tag	Emotion	Was passierte?
Montag ☆☆☆☆☆		
Dienstag ☆☆☆☆☆		
Mittwoch ☆☆☆☆☆		
Donnerstag ☆☆☆☆☆		
Freitag ☆☆☆☆☆		
Samstag ☆☆☆☆☆		
Sonntag ☆☆☆☆☆		

Dankbarkeit & Höhepunkte der Woche

Wochenübersicht

	M	D	M	D	F	S	S
fröhlich							
neutral							
traurig							

MONAT

WOCHE

Tag	Emotion	Was passierte?
Montag ☆☆☆☆☆		
Dienstag ☆☆☆☆☆		
Mittwoch ☆☆☆☆☆		
Donnerstag ☆☆☆☆☆		
Freitag ☆☆☆☆☆		
Samstag ☆☆☆☆☆		
Sonntag ☆☆☆☆☆		

Dankbarkeit & Höhepunkte der Woche

Wochenübersicht

	M	D	M	D	F	S	S
fröhlich							
neutral							
traurig							

MONAT

WOCHE

Tag	Emotion	Was passierte?
Montag ☆☆☆☆☆		
Dienstag ☆☆☆☆☆		
Mittwoch ☆☆☆☆☆		
Donnerstag ☆☆☆☆☆		
Freitag ☆☆☆☆☆		
Samstag ☆☆☆☆☆		
Sonntag ☆☆☆☆☆		

Dankbarkeit & Höhepunkte der Woche

Wochenübersicht

	M	D	M	D	F	S	S
fröhlich							
neutral							
traurig							

Tag	Emotion	Was passierte?
Montag ☆☆☆☆☆		
Dienstag ☆☆☆☆☆		
Mittwoch ☆☆☆☆☆		
Donnerstag ☆☆☆☆☆		
Freitag ☆☆☆☆☆		
Samstag ☆☆☆☆☆		
Sonntag ☆☆☆☆☆		

Dankbarkeit & Höhepunkte der Woche

Wochenübersicht

	M	D	M	D	F	S	S
fröhlich							
neutral							
traurig							

MONAT

WOCHE

Tag	Emotion	Was passierte?
Montag ☆☆☆☆☆		
Dienstag ☆☆☆☆☆		
Mittwoch ☆☆☆☆☆		
Donnerstag ☆☆☆☆☆		
Freitag ☆☆☆☆☆		
Samstag ☆☆☆☆☆		
Sonntag ☆☆☆☆☆		

Dankbarkeit & Höhepunkte der Woche

Wochenübersicht

	M	D	M	D	F	S	S
fröhlich							
neutral							
traurig							

MONAT

WOCHE

Tag	Emotion	Was passierte?
Montag ☆☆☆☆☆		
Dienstag ☆☆☆☆☆		
Mittwoch ☆☆☆☆☆		
Donnerstag ☆☆☆☆☆		
Freitag ☆☆☆☆☆		
Samstag ☆☆☆☆☆		
Sonntag ☆☆☆☆☆		

Dankbarkeit & Höhepunkte der Woche

Wochenübersicht

	M	D	M	D	F	S	S
fröhlich							
neutral							
traurig							

MONAT

WOCHE

Tag	Emotion	Was passierte?
Montag ☆☆☆☆☆		
Dienstag ☆☆☆☆☆		
Mittwoch ☆☆☆☆☆		
Donnerstag ☆☆☆☆☆		
Freitag ☆☆☆☆☆		
Samstag ☆☆☆☆☆		
Sonntag ☆☆☆☆☆		

Dankbarkeit & Höhepunkte der Woche

Wochenübersicht

	M	D	M	D	F	S	S
fröhlich							
neutral							
traurig							

MONAT | WOCHE

Tag	Emotion	Was passierte?
Montag ☆☆☆☆☆		
Dienstag ☆☆☆☆☆		
Mittwoch ☆☆☆☆☆		
Donnerstag ☆☆☆☆☆		
Freitag ☆☆☆☆☆		
Samstag ☆☆☆☆☆		
Sonntag ☆☆☆☆☆		

Dankbarkeit & Höhepunkte der Woche

Wochenübersicht

	M	D	M	D	F	S	S
fröhlich							
neutral							
traurig							

<table>
<tr><td>

MONAT

</td><td>

WOCHE

</td></tr>
</table>

Tag	Emotion	Was passierte?
Montag ☆☆☆☆☆		
Dienstag ☆☆☆☆☆		
Mittwoch ☆☆☆☆☆		
Donnerstag ☆☆☆☆☆		
Freitag ☆☆☆☆☆		
Samstag ☆☆☆☆☆		
Sonntag ☆☆☆☆☆		

Dankbarkeit & Höhepunkte der Woche

Wochenübersicht

	M	D	M	D	F	S	S
fröhlich							
neutral							
traurig							

<table>
<tr><td>MONAT</td><td>WOCHE</td></tr>
</table>

Tag	Emotion	Was passierte?
Montag ☆☆☆☆☆		
Dienstag ☆☆☆☆☆		
Mittwoch ☆☆☆☆☆		
Donnerstag ☆☆☆☆☆		
Freitag ☆☆☆☆☆		
Samstag ☆☆☆☆☆		
Sonntag ☆☆☆☆☆		

Dankbarkeit & Höhepunkte der Woche

Wochenübersicht

	M	D	M	D	F	S	S
fröhlich							
neutral							
traurig							

MONAT

WOCHE

Tag	Emotion	Was passierte?
Montag ☆☆☆☆☆		
Dienstag ☆☆☆☆☆		
Mittwoch ☆☆☆☆☆		
Donnerstag ☆☆☆☆☆		
Freitag ☆☆☆☆☆		
Samstag ☆☆☆☆☆		
Sonntag ☆☆☆☆☆		

Dankbarkeit & Höhepunkte der Woche

Wochenübersicht

	M	D	M	D	F	S	S
fröhlich							
neutral							
traurig							

<table>
<tr><td colspan="2"><h1>MONAT</h1></td><td colspan="2"><h1>WOCHE</h1></td></tr>
</table>

Tag	Emotion		Was passierte?
Montag ☆☆☆☆☆			
Dienstag ☆☆☆☆☆			
Mittwoch ☆☆☆☆☆			
Donnerstag ☆☆☆☆☆			
Freitag ☆☆☆☆☆			
Samstag ☆☆☆☆☆			
Sonntag ☆☆☆☆☆			

Dankbarkeit & Höhepunkte der Woche

Wochenübersicht

	M	D	M	D	F	S	S
fröhlich							
neutral							
traurig							

MONAT

WOCHE

Tag	Emotion	Was passierte?
Montag ☆☆☆☆☆		
Dienstag ☆☆☆☆☆		
Mittwoch ☆☆☆☆☆		
Donnerstag ☆☆☆☆☆		
Freitag ☆☆☆☆☆		
Samstag ☆☆☆☆☆		
Sonntag ☆☆☆☆☆		

Dankbarkeit & Höhepunkte der Woche

Wochenübersicht

	M	D	M	D	F	S	S
fröhlich							
neutral							
traurig							

<table>
<tr><td>MONAT</td><td>WOCHE</td></tr>
</table>

Tag	Emotion	Was passierte?
Montag ☆☆☆☆☆		
Dienstag ☆☆☆☆☆		
Mittwoch ☆☆☆☆☆		
Donnerstag ☆☆☆☆☆		
Freitag ☆☆☆☆☆		
Samstag ☆☆☆☆☆		
Sonntag ☆☆☆☆☆		

Dankbarkeit & Höhepunkte der Woche

Wochenübersicht

	M	D	M	D	F	S	S
fröhlich							
neutral							
traurig							

MONAT

WOCHE

Tag	Emotion	Was passierte?
Montag ☆☆☆☆☆		
Dienstag ☆☆☆☆☆		
Mittwoch ☆☆☆☆☆		
Donnerstag ☆☆☆☆☆		
Freitag ☆☆☆☆☆		
Samstag ☆☆☆☆☆		
Sonntag ☆☆☆☆☆		

Dankbarkeit & Höhepunkte der Woche

Wochenübersicht

	M	D	M	D	F	S	S
fröhlich							
neutral							
traurig							

MONAT

WOCHE

Tag	Emotion	Was passierte?
Montag ☆☆☆☆☆		
Dienstag ☆☆☆☆☆		
Mittwoch ☆☆☆☆☆		
Donnerstag ☆☆☆☆☆		
Freitag ☆☆☆☆☆		
Samstag ☆☆☆☆☆		
Sonntag ☆☆☆☆☆		

Dankbarkeit & Höhepunkte der Woche

Wochenübersicht

	M	D	M	D	F	S	S
fröhlich							
neutral							
traurig							

<table>
<tr><td>MONAT</td><td>WOCHE</td></tr>
</table>

Tag	Emotion	Was passierte?
Montag ☆☆☆☆☆		
Dienstag ☆☆☆☆☆		
Mittwoch ☆☆☆☆☆		
Donnerstag ☆☆☆☆☆		
Freitag ☆☆☆☆☆		
Samstag ☆☆☆☆☆		
Sonntag ☆☆☆☆☆		

Dankbarkeit & Höhepunkte der Woche

Wochenübersicht

	M	D	M	D	F	S	S
fröhlich							
neutral							
traurig							

MONAT

WOCHE

Tag	Emotion	Was passierte?
Montag ☆☆☆☆☆		
Dienstag ☆☆☆☆☆		
Mittwoch ☆☆☆☆☆		
Donnerstag ☆☆☆☆☆		
Freitag ☆☆☆☆☆		
Samstag ☆☆☆☆☆		
Sonntag ☆☆☆☆☆		

Dankbarkeit & Höhepunkte der Woche

Wochenübersicht

	M	D	M	D	F	S	S
fröhlich							
neutral							
traurig							

MONAT

WOCHE

Tag	Emotion	Was passierte?
Montag ☆☆☆☆☆		
Dienstag ☆☆☆☆☆		
Mittwoch ☆☆☆☆☆		
Donnerstag ☆☆☆☆☆		
Freitag ☆☆☆☆☆		
Samstag ☆☆☆☆☆		
Sonntag ☆☆☆☆☆		

Dankbarkeit & Höhepunkte der Woche

Wochenübersicht

	M	D	M	D	F	S	S
fröhlich							
neutral							
traurig							

<table>
<tr><td>MONAT</td><td>WOCHE</td></tr>
</table>

Tag	Emotion	Was passierte?
Montag ☆☆☆☆☆		
Dienstag ☆☆☆☆☆		
Mittwoch ☆☆☆☆☆		
Donnerstag ☆☆☆☆☆		
Freitag ☆☆☆☆☆		
Samstag ☆☆☆☆☆		
Sonntag ☆☆☆☆☆		

Dankbarkeit & Höhepunkte der Woche

Wochenübersicht

	M	D	M	D	F	S	S
fröhlich							
neutral							
traurig							

<table>
<tr><td>

MONAT

</td><td>

WOCHE

</td></tr>
</table>

Tag	Emotion	Was passierte?
Montag ☆☆☆☆☆		
Dienstag ☆☆☆☆☆		
Mittwoch ☆☆☆☆☆		
Donnerstag ☆☆☆☆☆		
Freitag ☆☆☆☆☆		
Samstag ☆☆☆☆☆		
Sonntag ☆☆☆☆☆		

Dankbarkeit & Höhepunkte der Woche

Wochenübersicht

	M	D	M	D	F	S	S
fröhlich							
neutral							
traurig							

<table>
<tr><td>MONAT</td><td>WOCHE</td></tr>
</table>

Tag	Emotion	Was passierte?
Montag ☆☆☆☆☆		
Dienstag ☆☆☆☆☆		
Mittwoch ☆☆☆☆☆		
Donnerstag ☆☆☆☆☆		
Freitag ☆☆☆☆☆		
Samstag ☆☆☆☆☆		
Sonntag ☆☆☆☆☆		

Dankbarkeit & Höhepunkte der Woche

Wochenübersicht

	M	D	M	D	F	S	S
fröhlich							
neutral							
traurig							

MONAT | WOCHE

Tag	Emotion	Was passierte?
Montag ☆☆☆☆☆		
Dienstag ☆☆☆☆☆		
Mittwoch ☆☆☆☆☆		
Donnerstag ☆☆☆☆☆		
Freitag ☆☆☆☆☆		
Samstag ☆☆☆☆☆		
Sonntag ☆☆☆☆☆		

Dankbarkeit & Höhepunkte der Woche

Wochenübersicht

	M	D	M	D	F	S	S
fröhlich							
neutral							
traurig							

MONAT

WOCHE

Tag	Emotion	Was passierte?
Montag ☆☆☆☆☆		
Dienstag ☆☆☆☆☆		
Mittwoch ☆☆☆☆☆		
Donnerstag ☆☆☆☆☆		
Freitag ☆☆☆☆☆		
Samstag ☆☆☆☆☆		
Sonntag ☆☆☆☆☆		

Dankbarkeit & Höhepunkte der Woche

Wochenübersicht

	M	D	M	D	F	S	S
fröhlich							
neutral							
traurig							

MONAT

WOCHE

Tag	Emotion	Was passierte?
Montag ☆☆☆☆☆		
Dienstag ☆☆☆☆☆		
Mittwoch ☆☆☆☆☆		
Donnerstag ☆☆☆☆☆		
Freitag ☆☆☆☆☆		
Samstag ☆☆☆☆☆		
Sonntag ☆☆☆☆☆		

Dankbarkeit & Höhepunkte der Woche

Wochenübersicht

	M	D	M	D	F	S	S
fröhlich							
neutral							
traurig							

<table>
<tr><td>MONAT</td><td>WOCHE</td></tr>
</table>

Tag	Emotion	Was passierte?
Montag ☆☆☆☆☆		
Dienstag ☆☆☆☆☆		
Mittwoch ☆☆☆☆☆		
Donnerstag ☆☆☆☆☆		
Freitag ☆☆☆☆☆		
Samstag ☆☆☆☆☆		
Sonntag ☆☆☆☆☆		

Dankbarkeit & Höhepunkte der Woche

Wochenübersicht

	M	D	M	D	F	S	S
fröhlich							
neutral							
traurig							

<table>
<tr><td colspan="1"># MONAT</td><td># WOCHE</td></tr>
</table>

Tag	Emotion	Was passierte?
Montag ☆☆☆☆☆		
Dienstag ☆☆☆☆☆		
Mittwoch ☆☆☆☆☆		
Donnerstag ☆☆☆☆☆		
Freitag ☆☆☆☆☆		
Samstag ☆☆☆☆☆		
Sonntag ☆☆☆☆☆		

Dankbarkeit & Höhepunkte der Woche

Wochenübersicht

	M	D	M	D	F	S	S
fröhlich							
neutral							
traurig							

MONAT | WOCHE

Tag	Emotion	Was passierte?
Montag ☆☆☆☆☆		
Dienstag ☆☆☆☆☆		
Mittwoch ☆☆☆☆☆		
Donnerstag ☆☆☆☆☆		
Freitag ☆☆☆☆☆		
Samstag ☆☆☆☆☆		
Sonntag ☆☆☆☆☆		

Dankbarkeit & Höhepunkte der Woche

Wochenübersicht

	M	D	M	D	F	S	S
fröhlich							
neutral							
traurig							

MONAT   WOCHE

Tag	Emotion	Was passierte?
Montag ☆☆☆☆☆		
Dienstag ☆☆☆☆☆		
Mittwoch ☆☆☆☆☆		
Donnerstag ☆☆☆☆☆		
Freitag ☆☆☆☆☆		
Samstag ☆☆☆☆☆		
Sonntag ☆☆☆☆☆		

Dankbarkeit & Höhepunkte der Woche

Wochenübersicht

	M	D	M	D	F	S	S
fröhlich							
neutral							
traurig							

<table>
<tr><td>MONAT</td><td>WOCHE</td></tr>
</table>

Tag	Emotion	Was passierte?
Montag ☆☆☆☆☆		
Dienstag ☆☆☆☆☆		
Mittwoch ☆☆☆☆☆		
Donnerstag ☆☆☆☆☆		
Freitag ☆☆☆☆☆		
Samstag ☆☆☆☆☆		
Sonntag ☆☆☆☆☆		

Dankbarkeit & Höhepunkte der Woche

Wochenübersicht

	M	D	M	D	F	S	S
fröhlich							
neutral							
traurig							

MONAT

WOCHE

Tag	Emotion	Was passierte?
Montag ☆☆☆☆☆		
Dienstag ☆☆☆☆☆		
Mittwoch ☆☆☆☆☆		
Donnerstag ☆☆☆☆☆		
Freitag ☆☆☆☆☆		
Samstag ☆☆☆☆☆		
Sonntag ☆☆☆☆☆		

Dankbarkeit & Höhepunkte der Woche

Wochenübersicht

	M	D	M	D	F	S	S
fröhlich							
neutral							
traurig							

MONAT

WOCHE

Tag	Emotion	Was passierte?
Montag ☆☆☆☆☆		
Dienstag ☆☆☆☆☆		
Mittwoch ☆☆☆☆☆		
Donnerstag ☆☆☆☆☆		
Freitag ☆☆☆☆☆		
Samstag ☆☆☆☆☆		
Sonntag ☆☆☆☆☆		

Dankbarkeit & Höhepunkte der Woche

Wochenübersicht

	M	D	M	D	F	S	S
fröhlich							
neutral							
traurig							

Tag	Emotion	Was passierte?
Montag ☆☆☆☆☆		
Dienstag ☆☆☆☆☆		
Mittwoch ☆☆☆☆☆		
Donnerstag ☆☆☆☆☆		
Freitag ☆☆☆☆☆		
Samstag ☆☆☆☆☆		
Sonntag ☆☆☆☆☆		

Dankbarkeit & Höhepunkte der Woche

Wochenübersicht

	M	D	M	D	F	S	S
fröhlich							
neutral							
traurig							

MONAT

WOCHE

Tag	Emotion	Was passierte?
Montag ☆☆☆☆☆		
Dienstag ☆☆☆☆☆		
Mittwoch ☆☆☆☆☆		
Donnerstag ☆☆☆☆☆		
Freitag ☆☆☆☆☆		
Samstag ☆☆☆☆☆		
Sonntag ☆☆☆☆☆		

Dankbarkeit & Höhepunkte der Woche

Wochenübersicht

	M	D	M	D	F	S	S
fröhlich							
neutral							
traurig							

MONAT

WOCHE

Tag	Emotion	Was passierte?
Montag ☆☆☆☆☆		
Dienstag ☆☆☆☆☆		
Mittwoch ☆☆☆☆☆		
Donnerstag ☆☆☆☆☆		
Freitag ☆☆☆☆☆		
Samstag ☆☆☆☆☆		
Sonntag ☆☆☆☆☆		

Dankbarkeit & Höhepunkte der Woche

Wochenübersicht

	M	D	M	D	F	S	S
fröhlich							
neutral							
traurig							

MONAT

WOCHE

Tag	Emotion	Was passierte?
Montag ☆☆☆☆☆		
Dienstag ☆☆☆☆☆		
Mittwoch ☆☆☆☆☆		
Donnerstag ☆☆☆☆☆		
Freitag ☆☆☆☆☆		
Samstag ☆☆☆☆☆		
Sonntag ☆☆☆☆☆		

Dankbarkeit & Höhepunkte der Woche

Wochenübersicht

	M	D	M	D	F	S	S
fröhlich							
neutral							
traurig							

MONAT

WOCHE

Tag	Emotion	Was passierte?
Montag ☆☆☆☆☆		
Dienstag ☆☆☆☆☆		
Mittwoch ☆☆☆☆☆		
Donnerstag ☆☆☆☆☆		
Freitag ☆☆☆☆☆		
Samstag ☆☆☆☆☆		
Sonntag ☆☆☆☆☆		

Dankbarkeit & Höhepunkte der Woche

Wochenübersicht

	M	D	M	D	F	S	S
fröhlich							
neutral							
traurig							

<table>
<tr><td>

MONAT

</td><td>

WOCHE

</td></tr>
</table>

Tag	Emotion	Was passierte?
Montag ☆☆☆☆☆		
Dienstag ☆☆☆☆☆		
Mittwoch ☆☆☆☆☆		
Donnerstag ☆☆☆☆☆		
Freitag ☆☆☆☆☆		
Samstag ☆☆☆☆☆		
Sonntag ☆☆☆☆☆		

Dankbarkeit & Höhepunkte der Woche

Wochenübersicht

	M	D	M	D	F	S	S
fröhlich							
neutral							
traurig							

MONAT

WOCHE

Tag	Emotion	Was passierte?
Montag ☆☆☆☆☆		
Dienstag ☆☆☆☆☆		
Mittwoch ☆☆☆☆☆		
Donnerstag ☆☆☆☆☆		
Freitag ☆☆☆☆☆		
Samstag ☆☆☆☆☆		
Sonntag ☆☆☆☆☆		

Dankbarkeit & Höhepunkte der Woche

Wochenübersicht

	M	D	M	D	F	S	S
fröhlich							
neutral							
traurig							

MONAT   WOCHE

Tag	Emotion	Was passierte?
Montag ☆☆☆☆☆		
Dienstag ☆☆☆☆☆		
Mittwoch ☆☆☆☆☆		
Donnerstag ☆☆☆☆☆		
Freitag ☆☆☆☆☆		
Samstag ☆☆☆☆☆		
Sonntag ☆☆☆☆☆		

Dankbarkeit & Höhepunkte der Woche

Wochenübersicht

	M	D	M	D	F	S	S
fröhlich							
neutral							
traurig							

MONAT   WOCHE

Tag	Emotion	Was passierte?
Montag ☆☆☆☆☆		
Dienstag ☆☆☆☆☆		
Mittwoch ☆☆☆☆☆		
Donnerstag ☆☆☆☆☆		
Freitag ☆☆☆☆☆		
Samstag ☆☆☆☆☆		
Sonntag ☆☆☆☆☆		

Dankbarkeit & Höhepunkte der Woche

Wochenübersicht

	M	D	M	D	F	S	S
fröhlich							
neutral							
traurig							

MONAT

WOCHE

Tag	Emotion	Was passierte?
Montag ☆☆☆☆☆		
Dienstag ☆☆☆☆☆		
Mittwoch ☆☆☆☆☆		
Donnerstag ☆☆☆☆☆		
Freitag ☆☆☆☆☆		
Samstag ☆☆☆☆☆		
Sonntag ☆☆☆☆☆		

Dankbarkeit & Höhepunkte der Woche

Wochenübersicht

	M	D	M	D	F	S	S
fröhlich							
neutral							
traurig							

<table>
<tr><td>

MONAT
</td><td>

WOCHE
</td></tr>
</table>

Tag	Emotion	Was passierte?
Montag ☆☆☆☆☆		
Dienstag ☆☆☆☆☆		
Mittwoch ☆☆☆☆☆		
Donnerstag ☆☆☆☆☆		
Freitag ☆☆☆☆☆		
Samstag ☆☆☆☆☆		
Sonntag ☆☆☆☆☆		

Dankbarkeit & Höhepunkte der Woche

Wochenübersicht

	M	D	M	D	F	S	S
fröhlich							
neutral							
traurig							

<table>
<tr><th>MONAT</th><th>WOCHE</th></tr>
</table>

Tag	Emotion	Was passierte?
Montag ☆☆☆☆☆		
Dienstag ☆☆☆☆☆		
Mittwoch ☆☆☆☆☆		
Donnerstag ☆☆☆☆☆		
Freitag ☆☆☆☆☆		
Samstag ☆☆☆☆☆		
Sonntag ☆☆☆☆☆		

Dankbarkeit & Höhepunkte der Woche

Wochenübersicht

	M	D	M	D	F	S	S
fröhlich							
neutral							
traurig							

MONAT

WOCHE

Tag	Emotion	Was passierte?
Montag ☆☆☆☆☆		
Dienstag ☆☆☆☆☆		
Mittwoch ☆☆☆☆☆		
Donnerstag ☆☆☆☆☆		
Freitag ☆☆☆☆☆		
Samstag ☆☆☆☆☆		
Sonntag ☆☆☆☆☆		

Dankbarkeit & Höhepunkte der Woche

Wochenübersicht

	M	D	M	D	F	S	S
fröhlich							
neutral							
traurig							

MONAT

WOCHE

Tag	Emotion	Was passierte?
Montag ☆☆☆☆☆		
Dienstag ☆☆☆☆☆		
Mittwoch ☆☆☆☆☆		
Donnerstag ☆☆☆☆☆		
Freitag ☆☆☆☆☆		
Samstag ☆☆☆☆☆		
Sonntag ☆☆☆☆☆		

Dankbarkeit & Höhepunkte der Woche

Wochenübersicht

	M	D	M	D	F	S	S
fröhlich							
neutral							
traurig							

MONAT

WOCHE

Tag	Emotion	Was passierte?
Montag ☆☆☆☆☆		
Dienstag ☆☆☆☆☆		
Mittwoch ☆☆☆☆☆		
Donnerstag ☆☆☆☆☆		
Freitag ☆☆☆☆☆		
Samstag ☆☆☆☆☆		
Sonntag ☆☆☆☆☆		

Dankbarkeit & Höhepunkte der Woche

Wochenübersicht

	M	D	M	D	F	S	S
fröhlich							
neutral							
traurig							

MONAT

WOCHE

Tag	Emotion	Was passierte?
Montag ☆☆☆☆☆		
Dienstag ☆☆☆☆☆		
Mittwoch ☆☆☆☆☆		
Donnerstag ☆☆☆☆☆		
Freitag ☆☆☆☆☆		
Samstag ☆☆☆☆☆		
Sonntag ☆☆☆☆☆		

Dankbarkeit & Höhepunkte der Woche

Wochenübersicht

	M	D	M	D	F	S	S
fröhlich							
neutral							
traurig							

MONAT   WOCHE

Tag	Emotion	Was passierte?
Montag ☆☆☆☆☆		
Dienstag ☆☆☆☆☆		
Mittwoch ☆☆☆☆☆		
Donnerstag ☆☆☆☆☆		
Freitag ☆☆☆☆☆		
Samstag ☆☆☆☆☆		
Sonntag ☆☆☆☆☆		

Dankbarkeit & Höhepunkte der Woche

Wochenübersicht

	M	D	M	D	F	S	S
fröhlich							
neutral							
traurig							

<table>
<tr><td>

MONAT

</td><td>

WOCHE

</td></tr>
</table>

Tag	Emotion	Was passierte?
Montag ☆☆☆☆☆		
Dienstag ☆☆☆☆☆		
Mittwoch ☆☆☆☆☆		
Donnerstag ☆☆☆☆☆		
Freitag ☆☆☆☆☆		
Samstag ☆☆☆☆☆		
Sonntag ☆☆☆☆☆		

Dankbarkeit & Höhepunkte der Woche

Wochenübersicht

	M	D	M	D	F	S	S
fröhlich							
neutral							
traurig							

MONAT

WOCHE

Tag	Emotion	Was passierte?
Montag ☆☆☆☆☆		
Dienstag ☆☆☆☆☆		
Mittwoch ☆☆☆☆☆		
Donnerstag ☆☆☆☆☆		
Freitag ☆☆☆☆☆		
Samstag ☆☆☆☆☆		
Sonntag ☆☆☆☆☆		

Dankbarkeit & Höhepunkte der Woche

Wochenübersicht

	M	D	M	D	F	S	S
fröhlich							
neutral							
traurig							

<table>
<tr><td colspan="2"><h1>MONAT</h1></td><td colspan="2"><h1>WOCHE</h1></td></tr>
</table>

Tag	Emotion	Was passierte?
Montag ☆☆☆☆☆		
Dienstag ☆☆☆☆☆		
Mittwoch ☆☆☆☆☆		
Donnerstag ☆☆☆☆☆		
Freitag ☆☆☆☆☆		
Samstag ☆☆☆☆☆		
Sonntag ☆☆☆☆☆		

Dankbarkeit & Höhepunkte der Woche

Wochenübersicht

	M	D	M	D	F	S	S
fröhlich							
neutral							
traurig							

<table>
<tr><td>

MONAT

</td><td>

WOCHE

</td></tr>
</table>

Tag	Emotion	Was passierte?
Montag ☆☆☆☆☆		
Dienstag ☆☆☆☆☆		
Mittwoch ☆☆☆☆☆		
Donnerstag ☆☆☆☆☆		
Freitag ☆☆☆☆☆		
Samstag ☆☆☆☆☆		
Sonntag ☆☆☆☆☆		

Dankbarkeit & Höhepunkte der Woche

Wochenübersicht

	M	D	M	D	F	S	S
fröhlich							
neutral							
traurig							

<table>
<tr><td>MONAT</td><td>WOCHE</td></tr>
</table>

Tag	Emotion	Was passierte?
Montag ☆☆☆☆☆		
Dienstag ☆☆☆☆☆		
Mittwoch ☆☆☆☆☆		
Donnerstag ☆☆☆☆☆		
Freitag ☆☆☆☆☆		
Samstag ☆☆☆☆☆		
Sonntag ☆☆☆☆☆		

Dankbarkeit & Höhepunkte der Woche

Wochenübersicht

	M	D	M	D	F	S	S
fröhlich							
neutral							
traurig							

MONAT

WOCHE

Tag	Emotion	Was passierte?
Montag ☆☆☆☆☆		
Dienstag ☆☆☆☆☆		
Mittwoch ☆☆☆☆☆		
Donnerstag ☆☆☆☆☆		
Freitag ☆☆☆☆☆		
Samstag ☆☆☆☆☆		
Sonntag ☆☆☆☆☆		

Dankbarkeit & Höhepunkte der Woche

Wochenübersicht

	M	D	M	D	F	S	S
fröhlich							
neutral							
traurig							

MONAT   WOCHE

Tag	Emotion	Was passierte?
Montag ☆☆☆☆☆		
Dienstag ☆☆☆☆☆		
Mittwoch ☆☆☆☆☆		
Donnerstag ☆☆☆☆☆		
Freitag ☆☆☆☆☆		
Samstag ☆☆☆☆☆		
Sonntag ☆☆☆☆☆		

Dankbarkeit & Höhepunkte der Woche

Wochenübersicht

	M	D	M	D	F	S	S
fröhlich							
neutral							
traurig							

MONAT

WOCHE

Tag	Emotion	Was passierte?
Montag ☆☆☆☆☆		
Dienstag ☆☆☆☆☆		
Mittwoch ☆☆☆☆☆		
Donnerstag ☆☆☆☆☆		
Freitag ☆☆☆☆☆		
Samstag ☆☆☆☆☆		
Sonntag ☆☆☆☆☆		

Dankbarkeit & Höhepunkte der Woche

Wochenübersicht

	M	D	M	D	F	S	S
fröhlich							
neutral							
traurig							

<table>
<tr><td>

MONAT

</td><td>

WOCHE

</td></tr>
</table>

Tag	Emotion	Was passierte?
Montag ☆☆☆☆☆		
Dienstag ☆☆☆☆☆		
Mittwoch ☆☆☆☆☆		
Donnerstag ☆☆☆☆☆		
Freitag ☆☆☆☆☆		
Samstag ☆☆☆☆☆		
Sonntag ☆☆☆☆☆		

Dankbarkeit & Höhepunkte der Woche

Wochenübersicht

	M	D	M	D	F	S	S
fröhlich							
neutral							
traurig							

MONAT

WOCHE

Tag	Emotion	Was passierte?
Montag ☆☆☆☆☆		
Dienstag ☆☆☆☆☆		
Mittwoch ☆☆☆☆☆		
Donnerstag ☆☆☆☆☆		
Freitag ☆☆☆☆☆		
Samstag ☆☆☆☆☆		
Sonntag ☆☆☆☆☆		

Dankbarkeit & Höhepunkte der Woche

Wochenübersicht

	M	D	M	D	F	S	S
fröhlich							
neutral							
traurig							

MONAT

WOCHE

Tag	Emotion	Was passierte?
Montag ☆☆☆☆☆		
Dienstag ☆☆☆☆☆		
Mittwoch ☆☆☆☆☆		
Donnerstag ☆☆☆☆☆		
Freitag ☆☆☆☆☆		
Samstag ☆☆☆☆☆		
Sonntag ☆☆☆☆☆		

Dankbarkeit & Höhepunkte der Woche

Wochenübersicht

	M	D	M	D	F	S	S
fröhlich							
neutral							
traurig							

<table>
<tr><td>

MONAT

</td><td>

WOCHE

</td></tr>
</table>

Tag	Emotion	Was passierte?
Montag ☆☆☆☆☆		
Dienstag ☆☆☆☆☆		
Mittwoch ☆☆☆☆☆		
Donnerstag ☆☆☆☆☆		
Freitag ☆☆☆☆☆		
Samstag ☆☆☆☆☆		
Sonntag ☆☆☆☆☆		

Dankbarkeit & Höhepunkte der Woche

Wochenübersicht

	M	D	M	D	F	S	S
fröhlich							
neutral							
traurig							

<table>
<tr><td>MONAT</td><td>WOCHE</td></tr>
</table>

Tag	Emotion	Was passierte?
Montag ☆☆☆☆☆		
Dienstag ☆☆☆☆☆		
Mittwoch ☆☆☆☆☆		
Donnerstag ☆☆☆☆☆		
Freitag ☆☆☆☆☆		
Samstag ☆☆☆☆☆		
Sonntag ☆☆☆☆☆		

Dankbarkeit & Höhepunkte der Woche

Wochenübersicht

	M	D	M	D	F	S	S
fröhlich							
neutral							
traurig							

<table>
<tr><td>

MONAT

</td><td>

WOCHE

</td></tr>
</table>

Tag	Emotion	Was passierte?
Montag ☆☆☆☆☆		
Dienstag ☆☆☆☆☆		
Mittwoch ☆☆☆☆☆		
Donnerstag ☆☆☆☆☆		
Freitag ☆☆☆☆☆		
Samstag ☆☆☆☆☆		
Sonntag ☆☆☆☆☆		

Dankbarkeit & Höhepunkte der Woche

Wochenübersicht

	M	D	M	D	F	S	S
fröhlich							
neutral							
traurig							

MONAT   WOCHE

Tag	Emotion	Was passierte?
Montag ☆☆☆☆☆		
Dienstag ☆☆☆☆☆		
Mittwoch ☆☆☆☆☆		
Donnerstag ☆☆☆☆☆		
Freitag ☆☆☆☆☆		
Samstag ☆☆☆☆☆		
Sonntag ☆☆☆☆☆		

Dankbarkeit & Höhepunkte der Woche

Wochenübersicht

	M	D	M	D	F	S	S
fröhlich							
neutral							
traurig							

MONAT

WOCHE

Tag	Emotion	Was passierte?
Montag ☆☆☆☆☆		
Dienstag ☆☆☆☆☆		
Mittwoch ☆☆☆☆☆		
Donnerstag ☆☆☆☆☆		
Freitag ☆☆☆☆☆		
Samstag ☆☆☆☆☆		
Sonntag ☆☆☆☆☆		

Dankbarkeit & Höhepunkte der Woche

Wochenübersicht

	M	D	M	D	F	S	S
fröhlich							
neutral							
traurig							

<table>
<tr><td colspan="2"># MONAT</td><td colspan="2"># WOCHE</td></tr>
</table>

Tag	Emotion	Was passierte?
Montag ☆☆☆☆☆		
Dienstag ☆☆☆☆☆		
Mittwoch ☆☆☆☆☆		
Donnerstag ☆☆☆☆☆		
Freitag ☆☆☆☆☆		
Samstag ☆☆☆☆☆		
Sonntag ☆☆☆☆☆		

Dankbarkeit & Höhepunkte der Woche

Wochenübersicht

	M	D	M	D	F	S	S
fröhlich							
neutral							
traurig							

MONAT

WOCHE

Tag	Emotion	Was passierte?
Montag ☆☆☆☆☆		
Dienstag ☆☆☆☆☆		
Mittwoch ☆☆☆☆☆		
Donnerstag ☆☆☆☆☆		
Freitag ☆☆☆☆☆		
Samstag ☆☆☆☆☆		
Sonntag ☆☆☆☆☆		

Dankbarkeit & Höhepunkte der Woche

Wochenübersicht

	M	D	M	D	F	S	S
fröhlich							
neutral							
traurig							

<table>
<tr><td>

MONAT

</td><td>

WOCHE

</td></tr>
</table>

Tag	Emotion	Was passierte?
Montag ☆☆☆☆☆		
Dienstag ☆☆☆☆☆		
Mittwoch ☆☆☆☆☆		
Donnerstag ☆☆☆☆☆		
Freitag ☆☆☆☆☆		
Samstag ☆☆☆☆☆		
Sonntag ☆☆☆☆☆		

Dankbarkeit & Höhepunkte der Woche

Wochenübersicht

	M	D	M	D	F	S	S
fröhlich							
neutral							
traurig							

MONAT

WOCHE

Tag	Emotion	Was passierte?
Montag ☆☆☆☆☆		
Dienstag ☆☆☆☆☆		
Mittwoch ☆☆☆☆☆		
Donnerstag ☆☆☆☆☆		
Freitag ☆☆☆☆☆		
Samstag ☆☆☆☆☆		
Sonntag ☆☆☆☆☆		

Dankbarkeit & Höhepunkte der Woche

Wochenübersicht

	M	D	M	D	F	S	S
fröhlich							
neutral							
traurig							

MONAT

WOCHE

Tag	Emotion	Was passierte?
Montag ☆☆☆☆☆		
Dienstag ☆☆☆☆☆		
Mittwoch ☆☆☆☆☆		
Donnerstag ☆☆☆☆☆		
Freitag ☆☆☆☆☆		
Samstag ☆☆☆☆☆		
Sonntag ☆☆☆☆☆		

Dankbarkeit & Höhepunkte der Woche

Wochenübersicht

	M	D	M	D	F	S	S
fröhlich							
neutral							
traurig							

MONAT

WOCHE

Tag	Emotion	Was passierte?
Montag ☆☆☆☆☆		
Dienstag ☆☆☆☆☆		
Mittwoch ☆☆☆☆☆		
Donnerstag ☆☆☆☆☆		
Freitag ☆☆☆☆☆		
Samstag ☆☆☆☆☆		
Sonntag ☆☆☆☆☆		

Dankbarkeit & Höhepunkte der Woche

Wochenübersicht

	M	D	M	D	F	S	S
fröhlich							
neutral							
traurig							

MONAT   WOCHE

Tag	Emotion	Was passierte?
Montag ☆☆☆☆☆		
Dienstag ☆☆☆☆☆		
Mittwoch ☆☆☆☆☆		
Donnerstag ☆☆☆☆☆		
Freitag ☆☆☆☆☆		
Samstag ☆☆☆☆☆		
Sonntag ☆☆☆☆☆		

Dankbarkeit & Höhepunkte der Woche

Wochenübersicht

	M	D	M	D	F	S	S
fröhlich							
neutral							
traurig							

<table>
<tr><td>MONAT</td><td>WOCHE</td></tr>
</table>

Tag	Emotion	Was passierte?
Montag ☆☆☆☆☆		
Dienstag ☆☆☆☆☆		
Mittwoch ☆☆☆☆☆		
Donnerstag ☆☆☆☆☆		
Freitag ☆☆☆☆☆		
Samstag ☆☆☆☆☆		
Sonntag ☆☆☆☆☆		

Dankbarkeit & Höhepunkte der Woche

Wochenübersicht

	M	D	M	D	F	S	S
fröhlich							
neutral							
traurig							

<table>
<tr><th>MONAT</th><th>WOCHE</th></tr>
</table>

Tag	Emotion	Was passierte?
Montag ☆☆☆☆☆		
Dienstag ☆☆☆☆☆		
Mittwoch ☆☆☆☆☆		
Donnerstag ☆☆☆☆☆		
Freitag ☆☆☆☆☆		
Samstag ☆☆☆☆☆		
Sonntag ☆☆☆☆☆		

Dankbarkeit & Höhepunkte der Woche

Wochenübersicht

	M	D	M	D	F	S	S
fröhlich							
neutral							
traurig							

<table>
<tr><td colspan="2"><h1>MONAT</h1></td><td><h1>WOCHE</h1></td></tr>
</table>

Tag	Emotion	Was passierte?
Montag ☆☆☆☆☆		
Dienstag ☆☆☆☆☆		
Mittwoch ☆☆☆☆☆		
Donnerstag ☆☆☆☆☆		
Freitag ☆☆☆☆☆		
Samstag ☆☆☆☆☆		
Sonntag ☆☆☆☆☆		

Dankbarkeit & Höhepunkte der Woche

Wochenübersicht

	M	D	M	D	F	S	S
fröhlich							
neutral							
traurig							

MONAT

WOCHE

Tag	Emotion	Was passierte?
Montag ☆☆☆☆☆		
Dienstag ☆☆☆☆☆		
Mittwoch ☆☆☆☆☆		
Donnerstag ☆☆☆☆☆		
Freitag ☆☆☆☆☆		
Samstag ☆☆☆☆☆		
Sonntag ☆☆☆☆☆		

Dankbarkeit & Höhepunkte der Woche

Wochenübersicht

	M	D	M	D	F	S	S
fröhlich							
neutral							
traurig							

<table>
<tr><td>

MONAT</td><td>

WOCHE</td></tr>
</table>

Tag	Emotion	Was passierte?
Montag ☆☆☆☆☆		
Dienstag ☆☆☆☆☆		
Mittwoch ☆☆☆☆☆		
Donnerstag ☆☆☆☆☆		
Freitag ☆☆☆☆☆		
Samstag ☆☆☆☆☆		
Sonntag ☆☆☆☆☆		

Dankbarkeit & Höhepunkte der Woche

Wochenübersicht

	M	D	M	D	F	S	S
fröhlich							
neutral							
traurig							

<table>
<tr><td>

MONAT

</td><td>

WOCHE

</td></tr>
</table>

Tag	Emotion	Was passierte?
Montag ☆☆☆☆☆		
Dienstag ☆☆☆☆☆		
Mittwoch ☆☆☆☆☆		
Donnerstag ☆☆☆☆☆		
Freitag ☆☆☆☆☆		
Samstag ☆☆☆☆☆		
Sonntag ☆☆☆☆☆		

Dankbarkeit & Höhepunkte der Woche

Wochenübersicht

	M	D	M	D	F	S	S
fröhlich							
neutral							
traurig							

<table>
<tr><td>## MONAT</td><td>## WOCHE</td></tr>
</table>

Tag	Emotion	Was passierte?
Montag ☆☆☆☆☆		
Dienstag ☆☆☆☆☆		
Mittwoch ☆☆☆☆☆		
Donnerstag ☆☆☆☆☆		
Freitag ☆☆☆☆☆		
Samstag ☆☆☆☆☆		
Sonntag ☆☆☆☆☆		

Dankbarkeit & Höhepunkte der Woche

Wochenübersicht

	M	D	M	D	F	S	S
fröhlich							
neutral							
traurig							

MONAT   WOCHE

Tag	Emotion	Was passierte?
Montag ☆☆☆☆☆		
Dienstag ☆☆☆☆☆		
Mittwoch ☆☆☆☆☆		
Donnerstag ☆☆☆☆☆		
Freitag ☆☆☆☆☆		
Samstag ☆☆☆☆☆		
Sonntag ☆☆☆☆☆		

Dankbarkeit & Höhepunkte der Woche

Wochenübersicht

	M	D	M	D	F	S	S
fröhlich							
neutral							
traurig							

MONAT

WOCHE

Tag	Emotion	Was passierte?
Montag ☆☆☆☆☆		
Dienstag ☆☆☆☆☆		
Mittwoch ☆☆☆☆☆		
Donnerstag ☆☆☆☆☆		
Freitag ☆☆☆☆☆		
Samstag ☆☆☆☆☆		
Sonntag ☆☆☆☆☆		

Dankbarkeit & Höhepunkte der Woche

Wochenübersicht

	M	D	M	D	F	S	S
fröhlich							
neutral							
traurig							

MONAT

WOCHE

Tag	Emotion	Was passierte?
Montag ☆☆☆☆☆		
Dienstag ☆☆☆☆☆		
Mittwoch ☆☆☆☆☆		
Donnerstag ☆☆☆☆☆		
Freitag ☆☆☆☆☆		
Samstag ☆☆☆☆☆		
Sonntag ☆☆☆☆☆		

Dankbarkeit & Höhepunkte der Woche

Wochenübersicht

	M	D	M	D	F	S	S
fröhlich							
neutral							
traurig							

MONAT

WOCHE

Tag	Emotion	Was passierte?
Montag ☆☆☆☆☆		
Dienstag ☆☆☆☆☆		
Mittwoch ☆☆☆☆☆		
Donnerstag ☆☆☆☆☆		
Freitag ☆☆☆☆☆		
Samstag ☆☆☆☆☆		
Sonntag ☆☆☆☆☆		

Dankbarkeit & Höhepunkte der Woche

Wochenübersicht

	M	D	M	D	F	S	S
fröhlich							
neutral							
traurig							

MONAT

WOCHE

Tag	Emotion	Was passierte?
Montag ☆☆☆☆☆		
Dienstag ☆☆☆☆☆		
Mittwoch ☆☆☆☆☆		
Donnerstag ☆☆☆☆☆		
Freitag ☆☆☆☆☆		
Samstag ☆☆☆☆☆		
Sonntag ☆☆☆☆☆		

Dankbarkeit & Höhepunkte der Woche

Wochenübersicht

	M	D	M	D	F	S	S
fröhlich							
neutral							
traurig							

MONAT   WOCHE

Tag	Emotion	Was passierte?
Montag ☆☆☆☆☆		
Dienstag ☆☆☆☆☆		
Mittwoch ☆☆☆☆☆		
Donnerstag ☆☆☆☆☆		
Freitag ☆☆☆☆☆		
Samstag ☆☆☆☆☆		
Sonntag ☆☆☆☆☆		

Dankbarkeit & Höhepunkte der Woche

Wochenübersicht

	M	D	M	D	F	S	S
fröhlich							
neutral							
traurig							

<table>
<tr><td><h1>MONAT</h1></td><td><h1>WOCHE</h1></td></tr>
</table>

Tag	Emotion	Was passierte?
Montag ☆☆☆☆☆		
Dienstag ☆☆☆☆☆		
Mittwoch ☆☆☆☆☆		
Donnerstag ☆☆☆☆☆		
Freitag ☆☆☆☆☆		
Samstag ☆☆☆☆☆		
Sonntag ☆☆☆☆☆		

Dankbarkeit & Höhepunkte der Woche

Wochenübersicht

	M	D	M	D	F	S	S
fröhlich							
neutral							
traurig							

MONAT   WOCHE

Tag	Emotion	Was passierte?
Montag ☆☆☆☆☆		
Dienstag ☆☆☆☆☆		
Mittwoch ☆☆☆☆☆		
Donnerstag ☆☆☆☆☆		
Freitag ☆☆☆☆☆		
Samstag ☆☆☆☆☆		
Sonntag ☆☆☆☆☆		

Dankbarkeit & Höhepunkte der Woche

Wochenübersicht

	M	D	M	D	F	S	S
fröhlich							
neutral							
traurig							

MONAT

WOCHE

Tag	Emotion	Was passierte?
Montag ☆☆☆☆☆		
Dienstag ☆☆☆☆☆		
Mittwoch ☆☆☆☆☆		
Donnerstag ☆☆☆☆☆		
Freitag ☆☆☆☆☆		
Samstag ☆☆☆☆☆		
Sonntag ☆☆☆☆☆		

Dankbarkeit & Höhepunkte der Woche

Wochenübersicht

	M	D	M	D	F	S	S
fröhlich							
neutral							
traurig							

MONAT

WOCHE

Tag	Emotion	Was passierte?
Montag ☆☆☆☆☆		
Dienstag ☆☆☆☆☆		
Mittwoch ☆☆☆☆☆		
Donnerstag ☆☆☆☆☆		
Freitag ☆☆☆☆☆		
Samstag ☆☆☆☆☆		
Sonntag ☆☆☆☆☆		

Dankbarkeit & Höhepunkte der Woche

Wochenübersicht

	M	D	M	D	F	S	S
fröhlich							
neutral							
traurig							

<table>
<tr><td>MONAT</td><td>WOCHE</td></tr>
</table>

Tag	Emotion	Was passierte?
Montag ☆☆☆☆☆		
Dienstag ☆☆☆☆☆		
Mittwoch ☆☆☆☆☆		
Donnerstag ☆☆☆☆☆		
Freitag ☆☆☆☆☆		
Samstag ☆☆☆☆☆		
Sonntag ☆☆☆☆☆		

Dankbarkeit & Höhepunkte der Woche

Wochenübersicht

	M	D	M	D	F	S	S
fröhlich							
neutral							
traurig							

MONAT

WOCHE

Tag	Emotion	Was passierte?
Montag ☆☆☆☆☆		
Dienstag ☆☆☆☆☆		
Mittwoch ☆☆☆☆☆		
Donnerstag ☆☆☆☆☆		
Freitag ☆☆☆☆☆		
Samstag ☆☆☆☆☆		
Sonntag ☆☆☆☆☆		

Dankbarkeit & Höhepunkte der Woche

Wochenübersicht

	M	D	M	D	F	S	S
fröhlich							
neutral							
traurig							

<table>
<tr><td>MONAT</td><td>WOCHE</td></tr>
</table>

Tag	Emotion	Was passierte?
Montag ☆☆☆☆☆		
Dienstag ☆☆☆☆☆		
Mittwoch ☆☆☆☆☆		
Donnerstag ☆☆☆☆☆		
Freitag ☆☆☆☆☆		
Samstag ☆☆☆☆☆		
Sonntag ☆☆☆☆☆		

Dankbarkeit & Höhepunkte der Woche

Wochenübersicht

	M	D	M	D	F	S	S
fröhlich							
neutral							
traurig							

MONAT

WOCHE

Tag	Emotion	Was passierte?
Montag ☆☆☆☆☆		
Dienstag ☆☆☆☆☆		
Mittwoch ☆☆☆☆☆		
Donnerstag ☆☆☆☆☆		
Freitag ☆☆☆☆☆		
Samstag ☆☆☆☆☆		
Sonntag ☆☆☆☆☆		

Dankbarkeit & Höhepunkte der Woche

Wochenübersicht

	M	D	M	D	F	S	S
fröhlich							
neutral							
traurig							

<table>
<tr><td>

MONAT

</td><td>

WOCHE

</td></tr>
</table>

Tag	Emotion	Was passierte?
Montag ☆☆☆☆☆		
Dienstag ☆☆☆☆☆		
Mittwoch ☆☆☆☆☆		
Donnerstag ☆☆☆☆☆		
Freitag ☆☆☆☆☆		
Samstag ☆☆☆☆☆		
Sonntag ☆☆☆☆☆		

Dankbarkeit & Höhepunkte der Woche

Wochenübersicht

	M	D	M	D	F	S	S
fröhlich							
neutral							
traurig							

MONAT

WOCHE

Tag	Emotion	Was passierte?
Montag ☆☆☆☆☆		
Dienstag ☆☆☆☆☆		
Mittwoch ☆☆☆☆☆		
Donnerstag ☆☆☆☆☆		
Freitag ☆☆☆☆☆		
Samstag ☆☆☆☆☆		
Sonntag ☆☆☆☆☆		

Dankbarkeit & Höhepunkte der Woche

Wochenübersicht

	M	D	M	D	F	S	S
fröhlich							
neutral							
traurig							

MONAT   WOCHE

Tag	Emotion	Was passierte?
Montag ☆☆☆☆☆		
Dienstag ☆☆☆☆☆		
Mittwoch ☆☆☆☆☆		
Donnerstag ☆☆☆☆☆		
Freitag ☆☆☆☆☆		
Samstag ☆☆☆☆☆		
Sonntag ☆☆☆☆☆		

Dankbarkeit & Höhepunkte der Woche

Wochenübersicht

	M	D	M	D	F	S	S
fröhlich							
neutral							
traurig							

<table>
<tr><td><h1>MONAT</h1></td><td><h1>WOCHE</h1></td></tr>
</table>

Tag	Emotion	Was passierte?
Montag ☆☆☆☆☆		
Dienstag ☆☆☆☆☆		
Mittwoch ☆☆☆☆☆		
Donnerstag ☆☆☆☆☆		
Freitag ☆☆☆☆☆		
Samstag ☆☆☆☆☆		
Sonntag ☆☆☆☆☆		

Dankbarkeit & Höhepunkte der Woche

Wochenübersicht

	M	D	M	D	F	S	S
fröhlich							
neutral							
traurig							

<table>
<tr><td>

MONAT

</td><td>

WOCHE

</td></tr>
</table>

Tag	Emotion	Was passierte?
Montag ☆☆☆☆☆		
Dienstag ☆☆☆☆☆		
Mittwoch ☆☆☆☆☆		
Donnerstag ☆☆☆☆☆		
Freitag ☆☆☆☆☆		
Samstag ☆☆☆☆☆		
Sonntag ☆☆☆☆☆		

Dankbarkeit & Höhepunkte der Woche

Wochenübersicht

	M	D	M	D	F	S	S
fröhlich							
neutral							
traurig							

<table>
<tr><td>MONAT</td><td>WOCHE</td></tr>
</table>

Tag	Emotion	Was passierte?
Montag ☆☆☆☆☆		
Dienstag ☆☆☆☆☆		
Mittwoch ☆☆☆☆☆		
Donnerstag ☆☆☆☆☆		
Freitag ☆☆☆☆☆		
Samstag ☆☆☆☆☆		
Sonntag ☆☆☆☆☆		

Dankbarkeit & Höhepunkte der Woche

Wochenübersicht

	M	D	M	D	F	S	S
fröhlich							
neutral							
traurig							

MONAT | WOCHE

Tag	Emotion	Was passierte?
Montag ☆☆☆☆☆		
Dienstag ☆☆☆☆☆		
Mittwoch ☆☆☆☆☆		
Donnerstag ☆☆☆☆☆		
Freitag ☆☆☆☆☆		
Samstag ☆☆☆☆☆		
Sonntag ☆☆☆☆☆		

Dankbarkeit & Höhepunkte der Woche

Wochenübersicht

	M	D	M	D	F	S	S
fröhlich							
neutral							
traurig							

MONAT

WOCHE

Tag	Emotion	Was passierte?
Montag ☆☆☆☆☆		
Dienstag ☆☆☆☆☆		
Mittwoch ☆☆☆☆☆		
Donnerstag ☆☆☆☆☆		
Freitag ☆☆☆☆☆		
Samstag ☆☆☆☆☆		
Sonntag ☆☆☆☆☆		

Dankbarkeit & Höhepunkte der Woche

Wochenübersicht

	M	D	M	D	F	S	S
fröhlich							
neutral							
traurig							